AF244569

LE
DROIT DU TRAVAILLEUR

LE DROIT

DU

TRAVAILLEUR

Le *Travailleur* A DROIT au PRODUIT INTÉGRAL *de son Travail.*

PAR

PAGET LUPICIN

50 CENTIMES | 50 CENTIMES

PARIS

CHEZ TOUS LES LIBRAIRES

Mai 1869

LE
DROIT DU TRAVAILLEUR

Le *Travailleur* a **Droit** au **Produit** **Intégral** de *son travail*.

Ouvrez les journaux, parcourez les revues, lisez les brochures, feuilletez les ouvrages de polémique, consultez les traités d'économie politique, étudiez les œuvres des réformateurs, et dans tous vous trouverez reproduites, avec une admirable insistance, les légitimes revendications des libéraux, des démocrates, des républicains, des économistes et des socialistes.

Tous les droits, à l'exception d'un seul, trouvent des apôtres ardents, passionnés. Droits de liberté en toutes les manifestations de la vie, droits de réunion sur toutes les questions, droits de suffrage pour toutes les fonctions, droits au travail dans toutes les branches, rencontrent d'intrépides et d'infatigables défenseurs.

Mais il est un droit que personne ne réclame ; primordial, nécessaire, indispensable : c'est le plus essentiel. Sans lui, les autres ne servent à rien ; ils sont comme s'ils n'étaient pas.

La France, après chaque insurrection victorieuse, a joui de tous ces droits, sur lesquels on appelle l'attention publique par tant d'excellents écrits, et aujourd'hui, malgré quatre-vingts ans de luttes et de combats, plus un seul n'existe. Peut-on dire que l'on jouit d'une liberté dès qu'elle est soumise à une restriction; que l'on possède un droit dès qu'il est limité, dussent cette limite et cette restriction être réduites à leur plus faible expression!

Ne pouvant se soutenir par eux mêmes, n'ayant ni force ni vertu, anihilés aussitôt leur apparition. détruits à peine réalisés, leur maintien ou leur conservation dépend du principe supérieur duquel ils découlent et qui est le principe organique, vital, de l'humanité.

Quel est ce principe?

Le voici formulé de la manière la plus simple et la plus rigoureuse.

Le travailleur a DROIT au PRODUIT INTÉGRAL de *son travail*.

Est-il nécessaire de démontrer la vérité de cette proposition?

C'est un axiome que personne ne nie. auquel nul ne refuse son assentiment, pas même ceux qui bénéficient de sa violation. Plus évident que la lumière du soleil, plus certain que les théorèmes de la géométrie, sa vérité plane au dessus de toute hypothèse, de toute discussion, de tout scepticisme. L'énoncé à lui seul frappe et éclaire les esprits.

Le rejeter est impossible.

Quoi! celui qui a fabriqué un objet d'utilité quelconque, celui qui a moulé une œuvre d'art, celui qui a ensemencé un champ n'aurait pas droit à la possession de sa récolte, à la jouissance de son œuvre, à la valeur de son produit?

Que dis je! n'aurait pas droit!...

L'expression est étrange. en vérité. Il est là, sur son établi, cet objet sorti des mains de l'ouvrier; elle est là, dans ses granges, cette récolte amassée par le cultivateur; elle est là, dans son atelier, cette œuvre éclose sous l'inspiration du génie de l'artiste, et nous réclamons le droit de propriété en faveur de celui qui l'a créé, lui a donné l'être et l'existence!

Qui oserait s'en emparer? Qui serait assez audacieux pour en prendre la plus petite partie?

Le travailleur a choyé ce produit, il y a infusé son âme, sa vie, il y a pensé jour et nuit, il l'a caressé de ses rudes mains, l'a couvé du regard, inondé de son amour; et, lorsque achevé, il en admire la beauté, en contemple la splendeur; se réjouit de son abondance, se complait dans sa perfection, estime sa valeur, suppute les sommes qu'il en retirera, sourit au bien-être qui en résultera pour sa famille, un étranger viendrait et dirait: Partageons!

Cela serait immoral, ce serait monstrueux. Seuls, les gens habitués à maximer leurs pratiques, bonnes ou mauvaises, tenteraient d'excuser un tel forfait, dont les conséquences sont funestes et terribles.

En effet. L'homme vit : pour vivre, il consomme ; pour consommer, il produit, autrement il ne consommerait pas ; car il ne consomme que ce qu'il produit. En produisant, il dépense une certaine quantité de forces qu'il répare en consommant. S'il dépense *cinq* par les efforts faits pendant le travail, sa consommation devra être égale à *cinq*, afin de rétablir l'équilibre rompu par son labeur ; ses produits devront être égaux à *cinq*, sinon sa consommation deviendrait supérieure à sa production. Comme il lui est impossible de consommer au delà de ce qu'il produit, puisqu'en dehors du travail il n'y a rien, il ne pourrait alors consommer selon ses besoins. De là un grand malaise, une vive souffrance, une misère intolérable.

D'un autre côté, obligé, pour maintenir ses forces en pleine vigueur et sa santé en bon état, de dépenser tout ce qu'il produit, l'ouvrier ne peut, sous peine de périr, abandonner à qui que ce soit une parcelle quelconque de son travail.

Donc, la production du travailleur est inviolable, sainte et sacrée : y toucher, c'est attenter à sa vie. Qui lui enlève le fruit total de son travail, l'assassine ; qui lui en prend une partie ne le tue pas du coup, mais le fait périr de faim lente. L'agonie est plus longue, la mort n'en est pas moins inévitable.

Hélas ! cette iniquité, la plus infâme entre toutes, car elle engendre le désordre physique et moral, se commet chaque jour par les gens les plus honnêtes comme par les plus criminels. Lequel de nous n'en est coupable ? C'est à qui abaissera le prix des salaires, diminuera la valeur du travail. Tout le monde marchande, et l'on se croit indemne parce que le salarié ou l'ouvrier ont débattu nos offres. De quoi se plaindraient-ils ? N'ont-ils pas accepté volontairement ?

Sans doute ; le consentement est la base légitime du contrat. L'individu n'a rien à réclamer. Il a abandonné son droit, tant pis pour lui.

Mais la justice est-elle satisfaite ? Si ce malheureux n'avait pas mangé depuis longtemps, si ses enfants affamés lui demandaient, en cris douloureux, du pain ! croyez-vous que, sous cette pression impérieuse, il ait cédé librement ? Pensez-vous qu'en lui disant : « C'est à prendre ou à laisser, » vous n'avez pas imposé votre volonté, vous n'avez pas exercé un acte de tyrannie, vous n'avez pas spolié un de vos frères en l'humanité ? Moins vous déboursez, plus votre joie est grande : car votre capital grossit d'autant et votre fortune augmente en proportion. Mais aussi, plus la privation du prolétaire grandit, plus sa misère s'accroît. Votre richesse est faite de son appauvrissement. C'est vous que la Bible a dépeint en ces paroles : « Ils avalent l'iniquité comme de l'eau. » Sous cette imprécation trop méritée, dont l'autorité ne vous est pas suspecte, vous, hommes de religions, osez donc vous targuer de droiture et de loyauté !

Oui, le travailleur est souvent spolié.

Il nous faut toucher du doigt cette vérité si importante qui renferme en son sein le germe de l'avenir.

Prenons, afin d'être parfaitement compris, un exemple dans le métier le moins compliqué, celui où un seul ouvrier suffit à la confection complète d'un produit, tel que le cordonnier. Les sophistes ne pourront nous accuser de tomber dans la métaphysique et de négliger les faits ainsi que la pratique : double avantage qui les réduira à l'impuissance de nous tromper désormais et les forcera de ne plus déraisonner à l'avenir, si tant est que l'on puisse faire confesser la vérité d'un principe aux hommes qui ont intérêt à le méconnaître, à empêcher sa réalisation, eux qui de tout temps ont entretenu le public dans l'ignorance, la superstition et l'erreur, qui ont inventé les spectres de toutes espèces, les rouges, les noirs, les occultes, les cachés dans l'ombre, guettant leur proie, pourvoyeurs des gibets, des prisons et des enfers.

Un ouvrier suffisamment habile fabrique deux paires de bottines dans une journée. Il reçoit à titre de salaire 6 francs. Les matières premières qu'il a employées ont coûté 13 francs, ainsi décomposées :

Deux dessus piqués à 3 fr. 50 c. la paire, ci.....	7 fr.
Deux paires de semelles à 1 fr. 50 c.............	3
Deux compositions de talon et deux cambrures..	2
Deux contreforts premières...................	1
Total...........	13 fr.

Le prix de revient s'élève donc à 13, plus 6, ou à 19 francs. Les deux paires de bottines sont vendues 32 francs, à raison de 16 fr. l'une. Le bénéfice est de 32 moins 19, soit 13 francs.

A qui ces 13 francs, diminués d'un dixième, représentant la valeur du travail du patron, doivent-ils appartenir ? Au travailleur évidemment.

Et c'est le patron qui s'en empare !

En vertu de quel droit, de quel principe ?

Son travail vaut-il plus que celui de l'ouvrier? Est-il plus difficile, plus pénible? Tout au contraire. Donc le prix de sa journée est à peine équivalente au prix de la journée de l'ouvrier. Puisque celui-ci n'a reçu que 6 francs, celui-là ne doit recevoir que 6 francs. Diminuant ces 6 francs des 13 francs, bénéfice acquis, il reste 7 francs qui appartiennent au travailleur. Ajoutés aux 6 déjà reçus, il toucherait 13 francs s'il n'était pas spolié.

Cette somme ne représente pas la valeur exacte du produit; elle est insuffisante. Le travail du fabricant a consisté uniquement dans l'achat des matières premières, dans leur distribution à l'employé, dans la réception des bottines terminées et dans leur vente au public. Une heure a suffi et au delà pour cette besogne, et nous lui avons accordé 6 francs! C'est beaucoup trop; 20 sols le rémunéreraient amplement. De ce chef, nous aurons 5 francs à ajouter aux 13 déjà déterminés, ce qui porterait à 18 francs le salaire d'une journée.

En examinant ce qui se passe dans un atelier composé de dix personnes, ce fait apparaîtra aussi clair et aussi net.

Dix hommes, également habiles, produiront chaque jour et chacun, ainsi que nous venons de le démontrer, un bénéfice net de 13 francs, soit 130 francs par journée. Joli denier, n'est-ce pas? Qui ne voudrait être fabricant? Qui n'aspire à le devenir?

Qu'arriverait-il, si ces 130 francs étaient répartis suivant la justice?...

Après avoir défalqué 6 francs pour les émoluments du commerçant, divisons les 124 francs restants entre onze personnes, patron compris; nous obtiendrons un dividende de 11 fr. 27 cent. Ces 11 fr. 27 cent. ajoutés aux 6 fr. du salaire, formeraient la somme de 17 fr. 27 cent. que l'ouvrier emporterait tous les soirs. On le voit, c'est, à peu de chose près, le chiffre que nous avons déjà trouvé.

Eh bien! le même phénomène se reproduit dans chaque métier, dans chaque fonction, pour chacun des travailleurs, pour chacun des employés; si bien que l'on peut estimer, sans crainte de se tromper, la valeur d'une journée d'un travail quelconque à 15 ou 20 francs.

La question vaut la peine qu'on y insiste.

Si nous gagnons de 15 à 20 francs par jour, pourquoi n'en recevons-nous que 5 ou 6?

Cela n'est pas possible, vont s'écrier les économistes, toujours prêts à éteindre la lumière dès qu'il s'agit de conserver les préliba... ... ... leurs clients, messieurs les exploiteurs.

1.

Pour que cela fût, il faudrait que la France eût un revenu de 60 milliards. Car supposons, en chiffres ronds, une population de quarante millions d'habitants réunis en dix millions de familles, chacune d'elles étant composée de quatre personnes, le père, la mère et deux enfants; admettons que le chef soit le seul qui travaille; qu'il travaille trois cents jours dans l'année. A 20 francs par jour, il gagnerait par an 6,000 francs, qui, multipliés par 10 millions, donneraient précisément 60 milliards.

Or, nous statisticiens, connus sur toutes les places de l'Europe, à Paris et à Pesth, à Londres et à Pétersbourg, à Berlin et à Rome, nous qui jouons avec les chiffres, comme Bosco avec les muscades; nous qui leur faisons dire ce que bon nous semble, nous avons affirmé, en 1846, que le revenu de la France n'était que de 13 milliards, mais aujourd'hui, voulant prouver l'augmentation de la richesse publique, nous reconnaissons qu'il est à peu près de 20 milliards. Si l'on partage les 20 milliards entre les dix millions de pères de famille, chacun n'aura que 2,000 francs par an, ou 6 fr. 66 c. par jour: ce qui est loin des 20 francs que l'on montre en perspective à l'avidité de l'ouvrier.

Mais, prestidigitateurs d'arithmétique, manipulateurs adroits de l'addition et surtout de la soustraction, vous auriez dû coordonner vos assertions, examiner si vos affirmations concordaient entre elles. En parlant de Paris, vous dites que cette ville crée par année des produits pour une valeur de 6 milliards. La province, qui est vingt fois aussi populeuse, doit produire, sinon vingt fois la même quantité, au moins dix fois autant, c'est-à-dire dix fois 6 ou 60 milliards. Notre appréciation est modérée, n'est-il pas vrai ?

Voulez-vous une autre preuve tirée également de vos statistiques. La voici : le commerce de la France avec l'étranger est de 6 milliards. Il est bien permis de supposer qu'elle produit, pour ses besoins particuliers, une quantité dix fois plus grande; encore une valeur de 60 milliards.

Les deux preuves précédentes ne suffisent-elles pas ; nous allons en donner une troisième, puisée aux mêmes sources, dans vos livres.

La récolte de la vigne est évaluée par vous à 3 milliards. Bien que l'une des cultures les plus fertiles, elle est surpassée par la culture des jardins, des prairies, des terres à blé, à graines et à légumineuses. Mais, à cause du peu de valeur des terres boisées, en friche, en pâture, nous devons estimer à moitié moins la culture des autres portions du territoire. La vigne occupe la vingt-deuxième partie de la surface du sol francais. Les vingt et une autres portions produiront 1,500,000 francs chacune, ce qui, pour le tout, donne 34 milliards 500.000 fr. Le produit agricole ne représente pas tout ce que le travail a créé. L'industrie, vous en conviendrez, produit au moins les deux tiers de cette somme. Et le chiffre de 60 milliards réapparait flamboyant. C'est votre MANE, THÉCEL...

N'y aurait-il point, dans les termes de votre proposition, affirmant 20 milliards de revenus, un sens double qui vous permette de distinguer et de soutenir que vous n'avez pas voulu tromper le public? En fait, il y a deux espèces de revenus : le produit net et le produit brut. Le produit net, c'est le bénéfice dégagé des prix du salaire et des matières premières. Est-ce de ce dernier dont vous avez parlé? Dans ce cas, chacun aurait une somme de 10 fr. 66 cent. à ajouter au salaire de sa journée, un revenu de 2,000 francs par an à ajouter aux 1,800 francs que l'ouvrier gagne à présent. Encore ici le vol apparaît évident, et c'est vous qui le démontrez.

Sensible est la différence entre 6 francs, prix de la rémunération actuelle et 20 francs, prix réel, que la révolution, en détruisant l'iniquité et établissant la justice, remettra aux mains du véritable propriétaire : le travailleur. Plus sensible encore serait-elle dans le ménage, si la femme, au retour du mari, pouvait disposer d'une pareille somme. L'envie ne lui viendrait pas à cette douce et charmante, d'abandonner ses enfants à la merci d'une étrangère, d'aller à travers la ville quémander de l'ouvrage, et s'enfermer dans un atelier. La pensée de faire lever sa jeune fille de grand matin, de l'envoyer au loin dans un magasin, où l'attend, au contact de ses camarades, une corruption presque inévitable, n'effleurerait jamais son cœur, n'effaroucherait jamais sa tendresse.

En revanche, les partisans de l'égalité des sexes, les prêcheurs de l'émancipation des femmes, y perdraient les plus beaux motifs de leurs discours, et ce qui leur tient plus au cœur, la meilleure part de leurs revenus.

Procurer du travail aux femmes, c'est les émanciper! De quoi, par hasard? Est-ce des vertus dont s'éprend l'homme délicat? Est-ce du soin de ses enfants? Interrogez les mères. Pas une, si ce n'est la femme oisive du riche, ne consentira à être dispensée de ces devoirs qui sont pour elles la vie, la joie, le bonheur. Est-ce du ménage? Pensez-vous qu'elle ne préfère pas rester dans son intérieur que de se rendre à l'atelier dès l'aube, de ne rentrer que le soir, ne prenant à la maison chacun repas, n'ayant d'autres rapports avec son mari que le contact dans le lit ? En place des soucis maternels dont vous la débarrassez, vous l'assujettissez pendant douze heures à un labeur ingrat, rebutant, pénible. dans ces vastes usines où l'on file la soie, tisse le lin, fabrique les étoffes. Votre émancipation : c'est la servitude.

Elle doit être émancipée, parce qu'elle est notre égale. Probablement elle est notre égale, à cause de la dissemblance qui existe dans sa constitution physique, dans sa frêle santé, dans ses maladies, plus nombreuses que les nôtres, dans ses fonctions de maternité, dans la force de son caractère, dans la puissance de son entendement, dans la délicatesse de ses sentiments. Vous, qui proclamez cette égalité, pourquoi ne lui donnez-vous pas un salaire égal au nôtre? Pour vous soustraire à cette obligation, vous prétendez qu'elle a de moindres besoins. Alors elle n'est pas notre égale.

Maintenant, nous devinons le motif qui vous inspire et qui vous pousse à asservir la femme au travail de fabrique, à la priver de sa liberté, à briser sa nature, à en faire un être qui n'aurait plus de sexe, plus de nom dans la langue.

Par elle, vous établissez la concurrence contre l'homme, son père, son frère, son mari. Par elle, vous abaissez les salaires et vous vous enrichissez.

Voyez comment cela se passe.

Un travailleur gagne chez un patron 6 francs. La femme, poussée par le désir de donner un peu de bien-être à ses enfants adorés, va dans l'atelier offrir le service de ses bras et de ses talents. Acceptée, elle reçoit 2 francs. Peu de temps après son admission, le chef d'usine, qui maintenant paye moins cher la fabrication des produits, diminue le salaire de l'ouvrier. Sous prétexte de manque de débouchés, de stagnation des affaires, d'argent à prix trop élevé, il l'abaisse d'abord à 5 fr. 50 c., puis à 5 francs, puis à 4 fr. 50, enfin à 4 francs. Effroyable est le résultat. A ce moment, l'homme et la femme ne gagnent plus à eux deux que 6 francs, juste ce que l'homme gagnait à lui seul avant la venue de sa fille ou de sa femme. Mais tout n'est pas perdu pour tout le monde. Le manufacturier recueille soigneusement la différence. Il a, pour le même prix qu'il donnait à un, le travail de deux individus. Cela révolte et indigne.

Nul ne peut s'y opposer, nul ne peut intervenir, pas même la société. La force des choses est plus puissante que la conscience, plus forte que la justice. Et c'est au nom du progrès, du libéralisme, de la morale, de la dignité humaine que les démocrates, présentent ces doctrines au peuple, qu'ils engagent les citoyens à collaborer à de telles œuvres! Et c'est à l'ouvrier qu'ils demandent l'argent nécessaire pour élever des écoles professionnelles où les jeunes filles apprendront un métier, afin de se créer à lui-même une concurrence désastreuse et perpétuer son esclavage! Ils lui recommandent l'économie et l'épargne, à lui qui déjà ne peut vivre. Ils ont la bonté de lui indiquer comment il pourrait arriver à économiser quelques centimes qui, groupés, amassés, remis entre leurs mains, produiront des milliers de francs. Est-ce aberration de leur intelligence ou perversion de leur ambition? Qu'ils choisissent! Leur crime n'en est pas moins évident, moins palpable.

Comment osent-ils essayer de nous tromper si grossièrement? Ils comptent sur notre lourde stupidité, sur notre crasse ignorance. Ils ont raison. La preuve est qu'ils ont réussi, qu'ils réussiront encore. Réussiront-ils toujours? C'est à craindre : au moins, pour un long temps.

Nous laisserons-nous toujours berner par des gens de lettres, des idéologues et des avocats? Voilà bientôt un siècle qu'ils dirigent les destinées de la France : où l'ont-ils conduite?

Race de bavards, amas de menteurs, sans conscience et sans conviction, plaidant tour à tour le pour et le contre; interprétant la loi aujourd'hui dans un sens, demain dans un sens opposé, après-demain dans un sens tout différent, selon la quantité des honoraires à empocher; défendant un filou riche avec autant de passion qu'en met leur contradicteur habituel à attaquer un honnête homme, jusqu'à quand nous mènerez-vous ?

L'ouvrier perd, cela est établi, sur la valeur de son produit, une somme double, triple et même quadruple de celle qu'il reçoit dans la société actuelle. Dépensant trois, ne recevant qu'un, il ne peut racheter son propre produit. Forcé de payer dix-sept francs ce qu'il a livré pour six, son travail devra durer trois jours pour pouvoir racheter ce qu'il a fabriqué dans une journée. Comment vivra-t-il pendant le temps où il ne reçoit rien ? Est-ce avec les économies faites sur son salaire de la première journée? Elles ont été déjà bien difficiles, à ce premier moment, surtout s'il a femme et enfants. Sa gêne sera donc grande le second jour; elle sera atroce le troisième.

Mais, dit le patron, je ne puis donner un salaire plus élevé. Ne faut-il pas que je paye le loyer de mes magasins, de mes ateliers, de mes appartements, que je verse, à la banque, les intérêts du capital engagé dans mon entreprise? Si je ne prélevais rien en dehors du prix de mon travail sur ceux que j'exploite, ma ruine serait certaine. Souvent, il nous arrive, malgré ces énormes prélèvements, de faire faillite, car nous ne pouvons plus satisfaire aux exigences du propriétaire et du capitaliste.

Ici, nous saisissons sur le fait la cause et l'origine de la spoliation opérée sur le travailleur. Il est dépouillé parce qu'il faut payer un intérêt au capital, un loyer aux maisons, un fermage aux terres.

Cet intérêt du capital, ce loyer des maisons, qui n'est que l'intérêt du capital amassé dans les bâtiments ; ce fermage des terres qui n'est que l'intérêt du capital accumulé par le travail dans les cultures, sont ils légitimes ?

Pour qu'il fût légitime, il faudrait qu'il fût producteur ; or, il ne l'est pas. Entassez dans un coffre-fort autant de billets de mille et de pièces de cent sous que bon vous semblera, vous ne trouverez pas au bout de l'année un billet ou une pièce en plus. Prêtez ces mêmes pièces au nombre de vingt par exemple à un travailleur ; il vous en rendra vingt et une, quand douze mois seront écoulés. Ce n'est pas vous qui avez produit cette vingt et unième pièce ; puisque, du jour où vous avez prêté les vingt autres, vous les avez complétement perdues de vue. Ce ne sont pas les vingt pièces de cinq francs prêtées par vous, qui l'ont mise au monde ; puisque, si elles étaient restées dans votre coffre-fort, leur nombre n'aurait pas augmenté. C'est donc le travail seul qui l'a créée, qui l'a engendrée, qui l'a enfantée, qui l'a tirée du néant. Elle doit sa naissance au travail. Pourquoi vous en emparez-vous, vous qui n'avez point pris part à sa génération ?

Victimes du capital, les fabricants deviennent, par nécessité, les bourreaux du travail. Tour à tour exploités et exploiteurs, quand comprendront-ils qu'ils ont plus d'avantages à secouer le joug du capitaliste et à se ranger du côté du travailleur ? Qu'ils dressent leur bilan, qu'ils additionnent les versements divers, opérés pour les loyers, les fermages, les intérêts, et en passant le total à leur profit, la vérité apparaîtra à leurs yeux dessillés ; ils verront combien ils gagneraient, si le vautour qui les ronge était détruit. La liquidation sociale ne leur inspirerait plus de frayeur ; pleine d'attrait, ses charmes les séduiraient ; sa réalisation serait l'objet de leurs demandes constantes et réitérées.

Chose étrange ! nos lois, nos institutions sont faites, fondées, établies dans l'unique but de protéger, de maintenir ces prélevements funestes à l'immense majorité du public, fatales à la société.

Sans ce fait impie, l'artisan et le cultivateur seraient riches, heureux et contents. Au lieu de cette félicité suprême, qui devrait exister en tous lieux et de tout temps, la misère, accompagnée du mal et du crime, ses enfants inséparables, apparaît partout. Elle se manifeste dans les campagnes comme dans les villes : aussi bien dans l'épanouissement merveilleux des libres républiques de la jeune Amérique, que dans la décrépitude servile des antiques monarchies de la vieille Europe ; dans les pays où règne la liberté la plus illimitée, comme chez les peuples où domine le despotisme le plus absolu ; dans les Etats où l'on reconnaît la puissance du libre examen, comme dans les empires où l'on impose un absurde dogmatisme, basé sur les prétendues révélations d'un être qui n'a jamais existé que dans l'imagination dévergondée de sectaires stupides.

Elle pullule comme la vermine, elle ronge comme le chancre, elle tue mieux que la peste et le canon. Rien ne l'atténue, pas plus les changements subits, survenus dans les nations, que les transformations lentes, les réformes continues, les progrès incessants. Elle grandit avec les améliorations, elle se propage avec les perfectionnements de la science, elle s'étend avec le développement de l'industrie, elle frappe impitoyablement les populations, elle compte ses victimes par milliers, par millions, par milliards. Le travail, en accumulant les produits, en augmentant les richesses, devrait l'amoindrir, et, par ainsi, laisser naître l'espoir que dans un temps, même éloigné, elle disparaîtrait complétement. Il n'en est rien. Plus le travail est fécond, plus la misère est intense ; plus il accumule de valeurs, plus elle fait de ravages ; plus il se multiplie, plus elle accable les peuples. Inutile de retracer ces tableaux navrants, où l'on voit, — horrible vision ! — le pauvre mourant de faim dans un taudis, à côté du riche, en sa splendide demeure, occupé uniquement du soin précieux de chercher des distractions à ses sens blasés. Les socialistes ont souvent dépeint ces douleurs et fait contraster ces joies. Les économistes en ont reconnu l'exactitude, et confirmé la vérité

Étonnante contradiction ! Quoi ! la richesse s'amoncelle à l'infini, et la misère s'aggrave de plus en plus ! C'est à faire chanceler la raison.

Où est la cause de ce phénomène si contradictoire ?

Les économistes, ces savants à mandat, auxquels incombe la solution de ce problème, ne l'ont pas résolu.

Soit incapacité, ils n'ont pu découvrir cette cause ; soit

mauvaise foi, ils l'ont mise sous le boisseau après l'avoir trouvée. Mais, placés sous le coup de nos questions indiscrètes trop souvent répétées, mis en face de notre impatience qui pourrait se traduire en révolte, ils répondent... quelle réponse ! Se servant avec une habileté prestidigieuse du sophisme dont ils possèdent tous les secrets fallacieux, ils déclarent que le mal est sans remède ; ils répètent, avec le Christ, celui qui est le Dieu des chrétiens, cette parole désespérante pour le malheureux, mais bien douce au cœur du riche : *Il y aura toujours des pauvres parmi vous.* » Et ils nous conseillent la résignation.

Allons, manants et vilains, vous la plèbe, vous, la vile multitude, réfrénez vos appétits, restreignez vos besoins, mettez une sourdine à vos désirs, supprimez vos passions, abandonnez vos aspirations vers le bien et le juste, gardez-vous de l'idéal, repoussez le beau, étouffez votre imagination. C'est Jésus le Galiléen, le fils du charpentier, charpentier lui-même en son enfance, le seul moment de sa vie pendant lequel il ait travaillé, un des vôtres, un du peuple, qui vous le dit : Soyez doux, humbles, timides, réservés. Travaillez, travaillez toujours, travaillez sans cesse. Obéissez à nos ordres, écoutez nos préceptes, et nous nous occuperons de votre sort. Nous bâtirons des hôpitaux, où vous recevrez, durant votre maladie, les soins les plus assidus ; nous construirons des crèches, nous fonderons des salles d'asile où, pendant le jour, vos femmes pourront déposer leurs enfants ; et, délivrées de ce fardeau, elles viendront dans nos ateliers gagner un peu d'argent, ce qui augmentera votre bien-être et arrondira notre fortune ; nous créerons des bureaux de bienfaisance, où vous recevrez du pain dans votre misère ; nous organiserons des sociétés de consommation, où vous paierez les aliments aussi chers, et les bénéfices que vous devriez partager seront absorbés par le traitement des employés ; nous encouragerons les sociétés de secours mutuels, qui vous rendront dans votre maladie l'argent que vous aurez donné pendant votre santé. Nos épouses, qui ne revendiquent pas le droit au travail — elles n'en ont que faire — qui ont du temps à perdre — elles ont des domestiques pour mettre en ordre leur ménage — iront, tant est grande leur condescendance et leur abnégation, visiter vos galetas, s'informer de vos douleurs et vous porter des consolations.

Soulager vos maux corporels ne nous suffit point. Nous voulons aussi illuminer votre intelligence par l'instruction, ennoblir votre âme par l'infusion de sentiments vertueux ; car,

vous avez une âme, quoi qu'en disent les matérialistes, une
âme qui sera punie par notre céleste vengeur, si vous n'a
croyez à nos doctrines et ne reconnaissez notre prééminence.
Dans ce but, nous créerons des cours d'adultes, nous ouvri-
rons les écoles du soir, nous établirons des conférences. Pendant que vous écouterez nos professeurs dévoués, vous n'irez
pas au cabaret discuter les questions politiques et sociales qui
ne vous regardent pas et auxquelles vous ne comprenez rien.
Vous ne réfléchirez à quoi que ce soit de ce qui vous inté-
resse. Quand vous chantez à l'Orphéon, vous ne pensez pas
aux salaires, aux intérêts, aux dividendes que nous prélevons
sur vous, et nous vivons en pleine sécurité. Ah ! vous seriez
de profonds ingrats, si vous n'éprouviez une vive reconnais-
sance pour nos soins inquiets.

Arrière ! hypocrites et tartufes ! Vous voulez nous faire
accroire que vous avez des remèdes à tous nos maux, et vous
ne possédez qu'un palliatif impuissant : l'aumône !

L'aumône ! Voilà ce que vous nous offrez, partisans de
l'inégalité, amants des priviléges, croyants en la Divinité.
Vous essayez de nous piper en lui donnant des noms divers,
en la déguisant sous des formes multiples.

L'aumône ! Tel est votre remède, votre unique remède. Il
n'a qu'un défaut Il ne guérit pas. Tout au contraire, il engendre le mal, l'entretient et le perpétue.

Oui, bons bourgeois, cléricaux exquis, braves libéraux,
excellents démocrates, vous êtes dignes de vous entendre, et
vous vous entendez bien. Si parfois une querelle s'élève entre
vous, c'est qu'il s'agit d'une fonction importante à conquérir,
d'une place bien retribuée à s'emparer. De vos entrailles est
sortie cette maxime, bien la vôtre : Ote-toi de là que je m'y
mette

Cela ne nous suffit pas, à nous, socialistes révolution-
naires, qui voulons l'égalité, c'est-à-dire la justice en tout,
partout, pour tout et pour tous, qui n'aimons l'anarchie ni
en haut ni en bas, ni à droite ni à gauche, parce que nous en
souffrons dans nos mères, dans nos femmes, dans nos enfants,
dans nos personnes, par notre nourriture souvent malsaine,
toujours insuffisante; par nos vêtements râpés et rapiécés,
qui ne nous garantissent ni du froid en hiver ni du chaud
en été ; par nos appartements étroits, humides, sans air, sans
lumière. qui nous suinte la maladie; dans notre intelligence
privée d'idées et de pensées, faute d'instruction; dans notre
conscience abâtardie et viciée par votre morale à double sens,
à préceptes faux et délétères, nous demandons la révision

complète et l'abolition radicale du système que vous soutenez et préconisez.

Nous repoussons l'aumône, même alors que vous nous la présenteriez, non comme une faveur émanant de votre bon vouloir, un don gratuit issu de vos bonnes grâces, mais comme une restitution. Nous revendiquons la justice, nous réclamons le *Droit du Travail* et nullement le *Droit au Travail*. Lorsque le travailleur jouira intégralement du produit qu'il crée, lorsque nul ne lui en enlevera une partie quelconque, sous quelque prétexte que ce soit, il y aura du *Travail* pour tout le monde, en tout temps, en tout lieu, dans tous les arts, dans tous les métiers. Travaillera qui voudra, quand il voudra. S'il ne travaille pas, il ne mangera pas. L'aumône ne viendra pas à son aide. Aussi nous repoussons avec énergie votre palliatif qui nous laisse languir et mourir à petit feu. Nous exigeons un remède réel, efficace, un remède qui nous guérisse radicalement et nous apporte, comme à vous, la jouissance pleine et entière de nos besoins intellectuels, physiques et moraux.

Au surplus, d'où vient qu'il vous est possible de faire l'aumône? Comment vous arrive l'argent qui sert à entretenir les hospices, bâtir les crèches, élever les salles d'asile, soutenir les dispensaires, payer les professeurs des cours publics?

Cet argent est pris sur les produits créés par le travail. C'est le travail qui engendre toutes les richesses; c'est le travail qui enfante tous les revenus; c'est le travail qui nous nourrit et nous entretient tous tant que nous sommes. C'est sur le fruit des labeurs de l'ouvrier que nous vivons tous, petits et grands, riches et pauvres. Le vin qui pétille dans vos verres, hommes qui avez des rentes, les mets succulents qui couvrent votre table chargée d'argenterie aux reflets étincelants, le fauteuil capitonné où vous reposez mollement votre estomac chargée de viandes et de liqueurs, sont des œuvres sorties des mains du producteur. Ce que vous percevez et encaissez à titre d'intérêts, de loyer, de fermage, a été créé par le travailleur. D'où il suit que quand vous donnez l'aumône, vous ne rendez que ce que vous avez reçu. Ce n'est pas vous qui faites l'aumône, c'est vous qui l'acceptez.

Par quelle aberration l'humanité en est-elle venue à transposer ainsi les termes, à dénommer aumône ce qui est restitution, et à appeler droit ce qui est l'aumône forcée?

Il est vrai, le don que l'ouvrier vous fait n'est pas volontaire, mais il n'est pas moins vrai que vous avez reçu le cadeau, que vous en jouissez et que vous en vivez.

Répétons-le, car il faut bien le dire et le redire à satiété, tout vient du travail, tout doit retourner au travail.

Est-ce que la société vivrait un seul jour si le travail cessait un seul instant? Quelle serait l'institution qui pourrait la soutenir?

Serait-ce la magistrature? Serait-ce le clergé? Serait-ce la police? Serait ce l'armée? Serait-ce le gouvernement?

Gouvernement, armée, police, clergé, magistrature sont payés par le budget, et le budget est payé par le peuple. Les divers agents de ces administrations ne produisent rien, bien qu'ils soient utiles, en assurant la sécurité des personnes. Ils puisent au budget, mais ne l'alimentent pas. Le budget, c'est une partie des revenus du pays. Or, les revenus sont créés par l'ouvrier, sur qui retombent charges et fardeaux, impôts et rentes, loyers et intérêts. Aussi, quand on demande de mieux répartir l'impôt pour soulager le peuple, c'est comme si l'on disait au vieillard revenant de la forêt, courbé sous le bois : « Mets le fagot sur ton épaule gauche au lieu de le porter sur l'épaule droite, et tu seras allégé. Sur l'épaule gauche ou sur l'épaule droite, le poids n'a pas diminué, la fatigue est aussi grande. Sous une forme ou sous une autre, l'ouvrier paye quand même. S'il ne payait que l'impôt, son sort serait trop heureux; son allégement serait certain.

Puisque la société n'est vivifiée ni par les prêtres, ni par les sergents de ville, ni par les magistrats, ni par les fonctionnaires publics, elle l'est donc uniquement par le travailleur, qui constitue l'immense majorité de la nation. Sur lui tout repose. Il est la pierre angulaire de l'édifice social. Comment l'édifice serait-il solide, si cette pierre n'est pas assise avec la règle, l'équerre, le compas et le niveau? Si le travailleur est lésé, si l'égalité, ce niveau des hommes entre eux, n'existe pas pour lui, s'il ne jouit point du produit intégral de son travail, comment l'Etat ne serait-il pas troublé, agité, et jamais équilibré? Couronnez l'édifice avec les bois les plus précieux, les métaux les plus rares, vous ne lui donnerez pas la solidité si les fondements ne sont pas assis sur le roc et posés d'aplomb. Le sommet n'est rien; la base est tout. Le sommet peut, par son éclat, attirer l'œil, mais la base seule détermine la solidité. Vous demandez des droits et des libertés, et vous réclamez le couronnement de l'édifice. Vous redoutez les secousses, vous craignez les renversements, et vous dirigez vers le haut des yeux suppliants.

Insensés!

Une pyramide ne se tient pas sur la pointe, mais bien sur la base.

La base de la société, c'est le peuple, c'est le travailleur. La pointe, c'est la bourgeoisie, c'est le gouvernement.

Donc la société ne peut être édifiée solidement que sur le travailleur.

Au lieu de s'occuper constamment de la consolidation du faîte, descendons jusqu'aux fondations, examinons de quel côté penche l'assise première, remettons-la de niveau, posons-la d'aplomb, et les effondrements ne seront plus à craindre.

L'ouvrier lésé, la société est lésée ; elle aspire à des destinées nouvelles, elle s'agite, elle s'émeut, et, dans l'un de ses mouvements fébriles, elle ébranle l'édifice social, précipité du sommet les gouvernants, qui tombent brisés sur le sol.

Une heure après la commotion, d'autres personnages se sont juchés en haut. Le faîte est reconstruit, mais la pierre angulaire n'a pas été redressée, l'assise première est demeurée déclive. La misère n'a pas diminué ; aussi le peuple, las et fatigué de bouleversements sans profits pour lui, s'abandonne à des empiriques qui l'exploitent et le grugent avec plus d'audace et moins de scrupules. N'apercevant pas d'issue, perdant l'espoir, n'ayant plus de confiance dans aucune théorie, manquant de la science qui découvre le mal et dévoile le remède, il laisse faire, et il traîne péniblement sa vie à travers les splendeurs que son labeur crée chaque jour.

Aussi, tant que notre maxime, expression de la justice absolue, ne sera pas réalisée, le monde sera livré à l'arbitraire, à la fraude, à la violence, à la rapacité des hiboux et des vautours.

Les nations souffrantes de la corruption qui les dégrade, de la servitude qui les abaisse, de la misère qui les décime, continueront, comme par le passé, à courir de l'anarchie au despotisme, pour revenir du despotisme à l'anarchie, sans jamais se fixer dans l'une de ces formes ou dans l'une des formes intermédiaires. Tantôt dominées par la monarchie, tantôt exploitées par l'oligarchie, tantôt livrées à l'anarchie, toujours inquiètes, toujours agitées, elles subiront tour à tour ces divers gouvernements, dans l'espoir de trouver en des changements incessants une amélioration à leur sort, et peut-être la guérison de leurs maux.

Peines inutiles !

Les gouvernements se ressemblent tous.

Les bouleversements les plus grands survenus dans les

empires, ceux qui nous paraissent les plus profonds ne sont que de simples modifications dans le nom qui les qualifieet dans l'essence qui les constitue. Parce que le chef de l'Etat s'appellera président, roi ou empereur, en sera-t-il moins le maître, le dominateur ? Parce que l'assemblée des délégués de la nation portera le nom de corps législatif, de chambre des députés, d'assemblée nationale, de constituante, de convention ou de congrès, en fera-t-elle moins à sa guise des lois qui nous lient et nous enchaînent ? Parce que le successeur de Fouquier-Tinville prendra le titre de procureur du roi, procureur de la république ou procureur impérial, en poursuivra-t-il moins, sur les ordres émanés du pouvoir, les écrivains, les orateurs, les hommes d'opposition et surtout les socialistes, qui ont le courageux audace de revendiquer les droits primordiaux du travailleur et de demander l'application dans la société des lois de justice, d'équité et d'égalité.

Que d'illusions dans nos jugements !

Un gouvernement remplace un gouvernement. Nous l'applaudissons avec enthousiasme, persuadés qu'il lui est complétement dissemblable. Bientôt, à la lecture de ses décrets, au contenu de ses ordonnances, à la portée de ses actes, on s'aperçoit qu'il ne diffère point de celui qui l'a précédé. Ce ne sont plus les mêmes hommes, ce sont les mêmes agissements. Qu'au sommet, ils soient un ou plusieurs, qu'ils se soient nommés eux-mêmes chefs de la nation ; qu'ils surgissent d'un coup d'Etat ; qu'ils aient été élevés sur le pavois par une émeute ; que des soldats prétoriens les aient proclamés présidents, rois ou dictateurs, qu'importe ! Ils sont nos maîtres. Ils commandent et nous obéissons, nous payons et ils encaissent. Le contraire ne s'est jamais vu, et ne se verra jamais. Jamais on n'a vu un gouvernement, parmi l'innombrable quantité de ceux qui ont régi les nations dans tous les siècles, payer le peuple et lui obéir.

Messieurs les prêtres, musulmans, protestants, catholiques, orthodoxes et autres grecs, nous disent que la société est une famille dont le chef de l'Etat est le père ; que nous lui devons respect et obéissance, comme les enfants doivent amour et soumission à leurs parents. Possible ! Le père de famille commande, c'est vrai, mais aussi, il nourrit ses enfants. Frappant est le contraste. Ce sont les sujets qui nourrissent les gouvernements, et ils ne commandent pas. Si les gouvernants veulent être aimés chéris, vénérés, comme sont vénérés, chéris, aimés les pères et les mères, rien de plus simple ; qu'ils payent leurs sujets au lieu de se faire payer par eux. A coup sûr, de longtemps, ils n'auront besoin de soldats pour se garer des mouvements populaires, de municipaux pour disperser les perturbateurs, de sergents de ville pour appréhender au collet les mécontents, de geôliers pour retenir les dissidents sous les verrous.

Recevoir des deux mains, commander le sabre au poing; en ces deux fonctions si faciles à remplir, consiste leur art, leur science, leur habileté, leur travail. Tous s'en acquittent à merveille. Les uns affirment que Dieu les a investis du pouvoir, les autres soutiennent qu'ils agissent au nom du peuple, ceux-ci se disent envoyés et par Dieu et par le peuple. Dans leur empire, le cumul n'est pas prohibé. Que ce soit au nom du peuple ou au nom de Dieu, que ce soit au nom de Dieu et du peuple, voire même au nom du peuple de Dieu, le joug n'en pèse pas moins sur nos épaules, n'en courbe pas moins nos têtes.

Tous semblables, tous incapables de réaliser la justice, notre devoir serait de les détruire.

Point !

Leur mission est de garantir ce qui existe et non de créer la justice. Nous leur demandons ce qu'ils ne peuvent donner et ce pourquoi ils ne sont pas établis. Là est notre erreur.

Aussi leur disparition n'apporterait pour le moment aucun avantage sérieux au prolétaire. Ils seraient supprimés dès aujourd'hui que l'usurier n'en prélèverait pas moins des intérêts pour l'argent prêté, des loyers pour les appartements loués, des fermages pour les terres données à bail. L'ouvrier perdrait toujours, par cet homme et pour cet homme, une partie de son produit. La misère n'en serait pas moins intense, moins cruelle, moins hideuse.

C'est pourquoi, les libéraux, les démocrates et les républicains, qui ne demandent que des réformes dans l'organisation du pouvoir, dans la distribution des emplois, dans l'assiette de l'impôt, en un mot, qui ne s'occupent que des questions politiques, font complétement fausse route. La lutte entre gouvernant et opposant est à qui aura le pouvoir : celui-là le possède, celui-ci aspire à le posséder; l'un attaque, l'autre se défend.

Aussi, quand ils sont ministres, députés et préfets, l'autorité ne rencontre pas de plus ardents défenseurs. Ils mettent à la soutenir autant et plus de sauvagerie que les despotes les plus absolus. Le souvenir des terribles et fatales journées de Juin restera à jamais gravé dans l'histoire, rappelant aux ouvriers des générations futures, comment les démocrates ont

traité le peuple réclamant du travail. Certes, ils ne délivre-
ront pas le travailleur de l'exploitation, puisque à la première manifestation de ses désirs, ils l'ont si rudement frappé.

Où doit-il donc porter ses investigations, celui qui demeure
convaincu, malgré l'insuffisance des doctrines libérales et dé-
mocratiques, malgré l'impuissance des hommes politiques,
que l'égalité est la loi de la nature, que la justice est la base
de l'ordre, et que toutes deux peuvent et doivent être réa-
lisées?...

Dans l'examen attentif des phénomènes sociaux. L'humanité
agit spontanément. Elle enfante, et les principes qui la font
vivre, et les principes qui la rendent débile et souffrante, tout
comme l'arbre produit du bois mauvais, des feuilles parasites,
ainsi que des fleurs fertiles et des fruits savoureux. Souvent,
les fleurs tombent à peine écloses, étouffées qu'elles sont par
les feuilles en trop grande abondance ; souvent, les fruits périssent privés de la séve absorbée par du bois inutile. Si le
jardinier a su élaguer le bourgeon mangeur, couper le bois
touffu, le bouton à fleur se développera, et le fruit mûrira,
De même, les principes du juste, du bien et du vrai périssent,
étouffés par les principes faux et erronés, qui grandissent et
s'étalent en plein soleil. Ne pouvant éclore, ils disparaissent
sans laisser de fruits. A nous à les rechercher, à les recon-
naître, à les dégager de l'ombre, à les mettre en lumière, à
les proclamer et à les faire fructifier.

Comme le droit n'est pas encore établi, ni même déterminé, c'est évidemment parmi les faits restés stériles que
l'on rencontrera ceux qui en sont l'expression et la représen-
tation.

Dès les commencements, l'humanité fut partagée en deux
classes, luttant sans cesse, et sans cesse se transformant sans
changer d'essence et de nature. D'un côté, les exploiteurs, de
l'autre les exploités. Ici, les esclaves ; là, les despostes. Ici,
les serfs ; là, les seigneurs. Ici, les salariés ; là, les patrons Ici,
les ouvriers ; là, les fabricants. Ici, les prolétaires ; là, les capitalistes.

La série de l'exploitation est terminée. Elle se résout dans
le travailleur, qui absorbera les deux antagonismes en les détruisant, opérera la délivrance universelle, réalisera en sa
personne toutes les libertés, toutes les égalités, toutes les aspirations merveilleuses que l'humanité a rêvées.

Pénétrons plus intimement dans cette série à la fois si
douloureuse et si intéressante. On dirait l'échelle de Jacob,
que nos pères, si misérables, sous le joug du clergé et de la

noblesse, ont monté d'échelon en échelon, de degré en degré. pour arriver aux splendeurs éblouissantes qui environneront le travailleur libre. indépendant : ni exploiteur, ni exploité, jouissant de la totalité de son produit. dont il disposera selon son bon plaisir, rayonnant autour de lui la joie, le bonheur, le bon et le beau.

L'esclave louait, contre sa volonté. le travail de sa vie entière à un despote, qui n'était engagé en rien vis-à-vis de lui, pas même à le nourrir. S'il l'entretenait, ce n'était ni pitié, ni justice, mais par le motif qui pousse le bouvier à soigner ses bêtes de somme.

Le serf louait, malgré lui aussi, le travail de sa vie entière au Seigneur. Seulement, il avait droit, pour sa nourriture à une partie des récoltes qu'il tirait de la terre à laquelle il était attaché. Bien que sa liberté fût très-restreinte, sa personnalité était, sinon respectée, au moins reconnue.

Le salarié loue, non malgré lui, non pour la vie entière, mais volontairement, pour un temps déterminé, un an, un mois, un jour, une heure, moyennant un prix débattu et discuté. La servitude le tient encore enchaîné, car il est obligé d'obéir aux ordres de Monsieur, d'écouter les remontrances du Supérieur, de courber la tête devant le Maître, de satisfaire aux caprices du Despote. Mais il est placé sur la limite : son affranchissement dépend de son énergie et de sa vigueur. Encore un effort, et il sera homme. Son corps est libre, sa volonté est servile. Si elle n'était servile, la place qu'il occupe par la gracieuseté du chef lui serait aussitôt enlevée et donnée à un autre individu plus souple et plus obséquieux. Nombreux sont-ils les salariés. Domestiques de grandes et petites maisons, employés du commerce et de l'industrie, professeurs de collèges et de facultés, maîtres d'écoles et maîtres des lycées; fonctionnaires publics et fonctionnaires secrets, commis, caissiers, garçons, soldats, officiers, prêtres, magistrats, tous réunis, en forment la collection complète.

Au delà du salariat, la servitude disparaît, l'exploitation demeure. Alors, l'homme est libre de ses actes, de sa volonté. Exploité, il conserve son indépendance.

L'ouvrier ne loue son travail à personne, ni à l'année, ni au mois, ni à la journée. Il reçoit d'un fabricant les outils et les matières premières qu'il transforme. Il est payé en proportion des quantités de produits qu'il livre et suivant un prix convenu d'avance pour chacun. Bien qu'il ait discuté avec le fabricant la somme qu'il doit recevoir, il ne reçoit cependant pas la valeur totale de son travail. C'est dans ce fait qu'est l'exploitation dont il est victime. Exploitation due à notre détestable organisation économique, dont nous demandons le changement radical. Pouvant cesser de travailler quand bon lui semble, n'étant pas astreint à l'heure fixe, comme le sont les professeurs et les employés ; sa dignité est plus haute, plus grande que celle des salariés.

Le prolétaire travaille pour son propre compte. Il possède les outils, achète les matières premières, et vend ses produits quand bon lui semble et comme bon lui semble. Ne dépendant de personne, que lui manque-t-il pour parvenir au dernier degré auquel l'homme puisse atteindre et doive désirer ? Peu et beaucoup. Nos neveux s'étonneront que nous ayons tant tardé à franchir ce dernier obstacle, qui leur paraîtra bien faible et bien mesquin, et qui nous paraît si grand et si redoutable, qu'à peine ose-t-on avouer le désir de le voir renverser et disparaître. Le prolétaire ne jouit pas du produit intégral de son travail, car il doit payer l'intérêt de l'argent employé pour l'achat des matières, le loyer de son appartement. Dernière étape de la misère, quelques-uns y son parvenus. Encore un effort : des cieux nouveaux apparaîtront, une terre nouvelle sera foulée par les pieds d'hommes devenus des dieux. Tous, nous serons travailleurs, maîtres de nos biens, de nos personnes, de nos volontés, propriétaires inviolables de notre travail. Honnêtes et moraux, faisant le bien naturellement et toujours, ignorant le mal, ne connaissant ni la fraude, ni la violence, la justice s'est incarnée en nous : nous en sommes la merveilleuse splendeur.

Déjà le nombre de ces prolétaires devenus travailleurs est grand en France, et il serait considérable, si chacun, poussé par le démon de la rapine, n'aspirait à posséder des rentes prélevés sur le labeur d'autrui, pour vivre en oisif, sans rien faire, ainsi que le fainéant.

Travailleur est ce paysan qui, aidé de ses enfants, cultive lui-même ses terres, ensemence ses champs, amasse ses récoltes, soigne ses troupeaux, sans payer un centime à un propriétaire. De lui parlait Virgile, en ce vers si fameux :

O fortunatos nimium, sua si bona norint agricolas !

Trop heureux les cultivateurs s'ils connaissaient leur bonheur !

Travailleur est cet artisan, serrurier, plombier, menuisier, ferblantier, charpentier, chapelier, qui fabrique lui-même les serrures qu'il pose, les meubles qu'il vend, les pièces qu'il assemble !...

Sans la grande propriété et sans la grande industrie, qui, par l'usure, enserre le paysan et rive l'artisan à la chaîne, l'humanité aurait vite atteint le but auquel elle aspire. La perfection, cet idéal que, pour satisfaire son impatience, elle a réalisé en un être imaginaire, en Dieu, dans lequel elle se contemple, s'admire et s'adore. Si l'on n'y prend garde, le capital, possédé par un petit nombre d'individus, deviendra, en peu de temps, le maître absolu. Jusqu'à présent, nous avons échappé à son étreinte, grâce à la loi de l'hérédité, qui partage les biens d'une manière égale entre les enfants, divise les fortunes, les éparpille et les dissémine. Mais les sociétés en commandite, pompes aspirantes, qui amassent dans un seul réservoir les trésors de tous, se sont établies. Par elles, le capital a conquis une puissance formidable. Son accumulation grandit sans cesse, avec une rapidité extrême. Bientôt, toutes les fortunes, petites et grandes, seront réunies en quelques mains et remises à la disposition d'un petit nombre. Alors nous recevrons d'eux la pitance et la tâche à remplir. Placés dans une situation pire que l'esclave, nous ne dépendrons pas d'un individu qui, parfois, pouvait éprouver des sentiments de bonté, et s'attendrir sur nos douleurs : Nous dépendrons d'une société anonyme, où la majorité fait loi, où nul n'a de responsabilité, tous la rejetant les uns sur les autres, en disant qu'ils ont voté avec la minorité : société impitoyable, sans entrailles, être fictif et non humain. Distribuant à chacun suivant ses besoins les plus restreints ; exigeant de chacun du travail plus que ses forces, agissant en tout selon leurs caprices et leurs intérêts ; les chefs de ces sociétés auront réalisé le communisme à leur profit ; ils auront *collectivé* la propriété, se seront installés comme distributeurs, nommés gérants, et ils jouiront des priviléges inhérents aux fonctions de maîtres, d'autocrates, de despotes.

Parmi les péripéties émouvantes que les révoltes continuelles des esclaves, des serfs, des salariés, des prolétaires ont enfantées, l'une d'elles est remarquable entre toutes. Ce fut le grand conflit qui éclata en 1789 et dura jusqu'en 1793. Dans ces années si courtes et si remplies, des hommes au cœur héroïque, animés de justes et légitimes colères, pleins d'ardeur et d'énergie, s'élancèrent, armés du marteau destructeur, sur les vieilles institutions qu'avaient élevées de concert le clergé et la royauté. Ces géants, dont on ne se lasse d'admirer les œuvres grandioses, détruisirent tout d'abord les odieux priviléges de la noblesse et abolirent les dîmes abhorrées.

Qu'était la dîme?

C'était le dixième de la récolte ou du produit prélevé en nature par le seigneur ou le propriétaire. Le noble avait concédé à perpétuité aux fermiers, locataires, tenanciers, ses terres, ses prés, ses bois, ses champs, moyennant cette redevance annuelle.

Les tenanciers, bien aises de se débarrasser du fardeau que leurs pères avaient été heureux d'accepter en vertu d'un contrat volontaire et synallagmatique, réclamèrent, au nom de la justice, la destruction des dîmes, c'est-à-dire l'abolition de la rente et du fermage. Ils parvinrent à ce merveilleux résultat dans la nuit fameuse du 4 août 1789. La noblesse, en un élan d'enthousiasme, entraînée par la force du droit, consentit alors à l'abolition de ses privilèges. A peine ceux-là eurent-ils conquis la liberté de ne plus livrer un dixième de leurs récoltes, qu'ils ne songèrent qu'à imiter la conduite de ceux qu'ils venaient de remplacer. Aussitôt, ils donnèrent en location, moyennant argent payable annuellement, les biens pour eux désormais libres de toutes charges. Connaissant la valeur des choses, ils ne se contentèrent pas du dixième. Ils exigèrent un quart du produit, un tiers, la moitié, et même plus, selon les circonstances. Ils exigèrent cette nouvelle dîme quintuplée, non en nature, mais en espèces sonnantes et trébuchantes. De ce moment, leur pouvoir fut fondé, leur quiétude assurée. La grêle ravage la terre ensemencée, la gelée détruit le raisin en fleur, le vent du nord dessèche l'herbe fourragère, le soleil brûle les champs, la maladie suspend le travail de l'ouvrier : cela ne les touche en rien. Nulle perte pour eux. Le locataire ou le fermier doit payer, et il paye, quand même il ne lui resterait rien, pas un centime. S'il ne paye, on le chassera de la terre arrosée de ses sueurs, on l'expulsera de la cabane où il a passé, en jouant, les années de son enfance; où, jeune homme, il a conduit, entourée des amies, sa bien-aimée devenue son épouse; où, dans l'âge mûr, il a fermé les yeux à son vieux père et reçu les derniers vœux de sa mère mourante : il sera jeté dans la rue, lui, confus, sa femme désolée, ses enfants en pleurs.

Où est l'amélioration pour la plèbe? Je ne la vois pas, tandis que je vois très-bien ce que la bourgeoisie a gagné à la ruine de l'aristocratie. Quand le bienfait, c'est-à-dire le droit, ne s'étend pas à tous, il est plus que nul, il est funeste. Loin d'alléger la situation du paysan, il la rend pire. Le tenancier d'avant la grande république a acquis le droit de ne plus payer le loyer de ses champs, pourquoi le tenancier d'à-présent est-il obligé de payer un fermage au propriétaire?

Bourgeois, à cette époque dont vous n'aimez plus à évoquer le souvenir, vous vous êtes affranchis, nous demandons à nous affranchir à notre tour.

Le trouverez-vous mauvais?

Probablement.

Ne vous fâchez pas. Nous suivons votre exemple. Nous sommes logiques ; vous ne l'êtes guère. Aurez-vous autant de cœur que les nobles, qui, au 4 août, sacrifièrent volontairement leurs priviléges sur l'autel de la justice. Nous ne le pensons pas. Rassurez-vous ; nous né vous solliciterons pas de faire une telle renonciation, bien au-dessus de votre grandeur d'âme. Deux raisons s'opposent à ce que nous subissions la honte d'une prière non écoutée. Nous savons que vous êtes incapables de céder quoi que ce soit. Chez vous le cœur est tombé dans le ventre. Puis, nous avons la pleine connaissance de nos droits. Plus fiers que vous, nous ne voulons rien prendre du bon vouloir de personne. A l'encontre de vos pères, qui ont accepté de la générosité des ducs et barons les priviléges de la propriété et qui ne les ont pas abolis, ainsi qu'ils le faisaient accroire au peuple pendant la lutte, nous ne recevrons rien de vous. Mais nous revendiquons, en vertu des principes que vous avez alors invoqués, l'abolition radicale, complète des dîmes, rentes, fermages, dividendes et intérêts. Nous saurons, sachez-le, réaliser notre revendication. Les moyens sont nombreux, les pacifiques aussi bien que les violents.

Cette nuit mémorable du 4 août, si féconde pour vous, nous a apporté une leçon dont nous saurons profiter. Elle nous a révélé un principe, elle nous a indiqué la voie à suivre.

Le principe qu'elle a proclamé, non-seulement par parole, mais par actes, c'est que la rente et le fermage sont illégitimes. Ce qui signifie que le travailleur a droit au produit intégral de son travail.

La direction qu'elle a suivie et qui nous sert d'exemple, c'est que l'on peut, sans blesser la justice, enlever les dîmes à ceux qui les possèdent, les priviléges à ceux qui en jouissent. Et si, par les moyens que nous emploierons, nous parvenons à reconquérir notre droit, sans vous léser en rien, vous nous devrez des actions de grâces, que vous n'avez pas mérité de la part des propriétaires féodaux. Mais, si, par votre obstination et votre résistance à tous procédés loyaux et pacifiques, nous sommes obligés d'user de violence, la justice n'en sera pas moins avec nous, en nous. Rien d'injuste, voilà notre devise.

Conséquents avec eux-mêmes, les audacieux de 92 retranchèrent du sol français la royauté de droit divin. Elle considérait le trône comme sa propriété. A ce titre elle le transmettait par héritage au fils aîné, ne pouvant plus le partager ainsi que l'avaient fait les rois de la première race.

Poursuivant leur marche destructrice, peu de temps après avoir sacrifié ce grandiose holocauste, ils supprimèrent le redoutable et puissant sacerdoce.

A ce moment, royauté, féodalité, clergé, avaient disparu, brisés par le peuple soulevé. Ils n'étaient plus. La révolution était faite, finie, achevée. Elle fût resté achevée, si les tenanciers de 89, se contentant de posséder la quantité de terres qu'ils pouvaient cultiver par les seules forces de leur famille, n'eussent donné à bail les biens qui semblaient à jamais délivrées de la plaie du parasitisme, et n'eussent ainsi rétabli le droit de souveraineté domaniale.

Ce privilége reconstitué entraîna la restauration des autres priviléges, le rétablissement du sacerdoce et de la monarchie.

A la voix de Robespierre, ce maigre lauréat d'académie, ce mince avocat de province, ce mauvais procureur de Paris, l'Etre suprême, relégué, sous le nom de Dieu, dans le néant, réapparut sur nos places et dans les temples. La foule ignare, toujours superstitieuse, l'adora. Aussitôt, le prêtre revint, à sa suite le dictateur, puis le consul, suivi de l'empereur et enfin le roi.

De cette trinité anéantie un moment, rétablie si vite et si rapidement, une seule personne est restée mutilée, c'est la royauté. Elle n'a pu reconquérir sa complète souveraineté. Elle n'est plus la royauté de France, maîtresse absolue, propriétaire incommutable de la couronne ; elle est la royauté des Français recevant du peuple son existence et son mandat. Cette mutilation entraînera celle du sacerdoce et de la propriété, ou bien celles-ci la ramèneront à sa puissance primitive, à la souveraineté dictatoriale de Louis XIV. Chose impossible !

En voyant ces restaurations de l'autel, du capital et du trône, on se demande, où sont donc nos conquêtes ? Sont-ils dupes ou dupeurs ceux qui disent relever de 89 et n'invoquent que les principes inscrits dans la déclaration des droits de l'homme sans demander la réalisation des promesses incluses dans le vote du 4 août.

Mais, j'entends les sourds grondements des révoltés et des

indignés. Ah ! si nous étions en république, s'écrient-ils, quelle différence ! La liberté en tout, partout, pour tout, régnerait brillante et radieuse. La liberté pour moyen, la liberté pour but. Par elle, nous posséderions tous les biens. Alors se réaliserait la devise : Chacun pour soi, Dieu pour tous. Pardonnons-leur; ils croient en Dieu.

Vous seriez en république, avec un président nommé à vie ou à temps; mieux que cela, vous seriez dans une république privée de président et dirigée par une convention nationale, nommant le pouvoir exécutif révocable à volonté; plus encore, vous seriez dans une république où la souveraineté populaire s'exercerait en toute sa plénitude, où le peuple entier voterait la loi, conférerait le soin de la faire exécuter à des mandataires qu'il pourrait briser suivant son caprice; auriez vous détruit le privilége monstrueux de la propriété, source de tous les priviléges passés, présents et futurs ? La propriété que vous conservez avec tant d'amour, que vous soutenez avec tant d'ardeur, a la même origine que la monarchie décapitée en 93. Elle relève du droit divin, du droit de la force. D'abord inspirée par la violence, elle a été transformée en un prétendu droit que gardent le gendarme et le bourreau. Puisque vous avez renversé, au nom de la justice, la monarchie de droit divin, pourquoi vous arrêter à moitié chemin ? pourquoi laisser subsister le privilége de la propriété qui n'est qu'une réproduction de l'antique privilége monarchique ? Réproduction en miniature pour chaque propriétaire, mais réproduction mille et mille fois emplifiée par leur nombre.

Les rois se disaient propriétaires du sol. Leurs revenus, c'était l'impôt. Le trésor, aujourd'hui public, était leur trésor. Ils en disposaient suivant leur bon plaisir. Pas de contrôle, si ce n'est un contrôle institué par eux-mêmes, afin de ne pas être volés par les seigneurs de la cour.

Le plus petit propriétaire jouit d'une semblable prérogative. Il perçoit sur le travail des impôts qu'il appelle rentes. Il les dépense à sa guise, souvent en futilités et en niaiseries. Nul n'a le droit de lui adresser des remontrances : il vit sans travailler. Il se livre à ses plaisirs, sans s'inquiéter de l'argent nécessaire pour les solder. Le paysan et l'ouvrier y pourvoiront. Levés avant l'aurore, courbés sur leur besogne jusque dans la nuit profonde, ils amasseront quelques pièces de monnaie qu'il partagera avec eux sous prétexte de services rendus par son capital.

Les débauchés compagnons du régent, les marquis, courtisans de la Pompadour, les laquais grands seigneurs de la cour de Louis XV, n'agissaient pas autrement. Comment l'histoire est-elle si rude à ceux ci, si douce à ceux là ? C'est que l'histoire est écrite par des bourgeois, amants éperdus des priviléges de la propriété, dans toutes ses inégalités, dans toutes ses infamies.

Nous avons un principe : Le droit du travailleur au produit intégral de son travail.

Nous connaissons la cause de la misère, c'est le prélèvement opéré par le patron sur l'ouvrier, c'est la violation de notre principe.

Quelle est la raison de ce prélèvement, de cette violation, cause de la misère et du paupérisme ?

C'est afin que le patron puisse payer l'intérêt de l'argent utilisé dans son entreprise, le loyer de ses magasins et le fermage des terres s'il est cultivateur.

Abolir l'intérêt, le loyer et le fermage, serait détruire la misère, anéantir le paupérisme, achever la révolution.

Est-ce donc si difficile ?

Rien ne les justifie.

On s'étonne de les rencontrer chez un peuple chrétien. Déjà Moïse avait défendu que le Juif prêtât à intérêt au Juif; à ses yeux, l'intérêt était un droit de guerre, c'est-à-dire de rapine qu'il permettait aux Israélites à l'égard des étrangers ; tous leurs ennemis... Aussi nous exploitent-ils sans miséricorde : mais devons-nous les imiter et devons-nous supporter patiemment les coups de leur haine et de leur cupidité ?

Jésus a renouvelé cette condamnation sans faire acception de peuples et d'individus. Selon lui, c'est un crime digne de la géhenne. N'ayant aucune connaissance de la science sociale, il bornait ses anathèmes à l'usure et ne proscrivait ni le loyer ni le fermage.

Proudhon, le plus grand génie de notre siècle, bien qu'il ait émis certaines erreurs vraiment énormes, telles que l'unité de l'intelligence, partant l'unité de l'âme, conséquemment son immortalité, a démontré que le loyer, l'intérêt et le fermage étaient identiques.

Du moment où cette démonstration fut clairement établie, l'Eglise catholique, qui jusque-là avait maintenu la doctrine de Christ, la renia et déclara que le prêt à intérêt pouvait être commis sans péché.

Auparavant, Napoléon Ier, ou plutôt les auteurs du Code civil, subjugués par les capitalistes, consentirent à ne point frapper d'une peine légale l'usure, mais ils en limitèrent les ravages en fixant le taux à cinq pour cent. Au delà ce fut un délit puni sévèrement. Pourquoi juste à cinq, inique à six? Légitime en deçà, illégitime au-delà. Vérité de ce côté, erreur de celui-là. Bêtise humaine, à quelle hauteur tu t'élèves! Coquinerie immonde, à quelle profondeur dans la fange tu descends!

Et aujourd'hui, les économistes que l'on est sûr de rencontrer partout où il y a une spoliation à réclamer, demandent que l'on abolisse l'article du Code pénal qui punit l'usure. Au nom de la liberté, ils revendiquent la liberté de nous usurer tout à leur aise. Qu'on leur accorde cette permission à la condition que nous puissions refuser de payer l'intérêt et le loyer sans y être contraints par le magistrat.

Et les amateurs de la religion, de la famille et de la propriété, qui soutiennent ces trois institutions, comme la corde soutient le pendu en l'étranglant, repoussent le précepte de l'inspiré du Sinaï et violent celui du crucifié de Golgotha.

Qu'avons-nous donc à faire pour réaliser notre idéal de justice? Comment pourrons-nous ramener la famille à sa véritable nature, détruire le concubinage légal, éteindre la prostitution volontaire ou forcée. De quelle manière rétablirons-nous le travail dans son droit, rendrons-nous la propriété au travailleur, son seul et unique créateur, empêcherons-nous qu'elle ne lui soit plus volée? En un mot, comment détruirons-nous le vice, le crime et la misère?

Plusieurs moyens se présentent à nous. Les uns sont pacifiques, les autres violents.

Nous les énoncerons sans les discuter ; nous réservant d'examiner, dans une brochure spéciale, leur légalité ou leur illégalité ; leur force ou leur impuissance; leurs qualités ou leurs défauts; leur possibilité ou leur impossibilité.

Parmi les pacifiques on trouve :

1° Le moyen qui consisterait à traiter toutes les affaires au comptant. Il est par trop évident que si cela existait, il n'y aurait aucun intérêt à payer ou à prélever.

2° Le refus pur et simple de payer le loyer et le fermage. Chaque locataire ou fermier ne sortirait de son appartement que par la force. Ses meubles mis à l'encan ne seraient achetés par personne. Le propriétaire en serait pour ses frais. Ce moyen est calqué sur le refus de l'impôt dont un abbé célèbre a prêché la doctrine, et donné l'exemple sous Louis-Philippe.

3° Le refus de travailler. Le travail cessant, les riches mour-raient de faim et viendraient à composition. Inutile de montrer la difficulté d'un pareil moyen, contre lequel la loi serait impuissante.

Parmi les moyens violents, on en compte deux qui, en réalité, n'en font qu'un. Ils ne diffèrent que par les personnes qui l'appliqueraient.

1° Un coup d'Etat du peuple, proclamant le jour de sa victoire, ce décret : Tout individu, locataire, fermier, métayer, est propriétaire des appartements qu'il occupe, des terres qu'il cultive, avec ou sans indemnité pour le propriétaire actuel;

2° Un coup d'Etat d'un Chef de gouvernement rendant le même décret, dans les mêmes termes.

Il faut le dire, tous ces moyens sont, pour les temps présents irréalisables.

Puis, laissant les conséquences se produire librement, on se contenterait de parer aux difficultés qui surgiraient, de renverser les obstacles qui s'élèveraient. La société, libre désormais, créerait des institutions conformes à sa nouvelle situation. Nul ne peut prévoir ce qu'elles seront. A plus forte raison, nul ne doit former un plan d'avance et dire au peuple : tu feras ceci et tu feras cela ; tu t'organiseras comme ceci et tu fonctionneras comme cela. Laissons aux enfants la joie de bâtir des châteaux en Espagne, d'imaginer des organismes sociaux, des communautés modèles, des projets de république où tout est prévu, coordonné, résolu. Laissons à nos neveux le souci de leurs propres affaires. Puisque nous réclamons la liberté pour nous, ne leur enlevons pas la liberté de se conduire à leur guise, sous prétexte de faire leur bonheur. A chacun sa tâche : à nous de déblayer le terrain, à eux de construire si bon leur semble. Ne les parquons pas dans un organisme fabriqué d'avance et dès à présent.

Salariés, ouvriers, prolétaires, comprenez-vous enfin pourquoi votre sang versé sur les barricades demeure toujours un sacrifice inutile ? Vainqueurs, vous étiez encore les vaincus. Vous aviez des aspirations, pas d'idées! Les hommes des divers partis, libéraux, démocrates, radicaux, profitant de votre victoire, s'emparaient du pouvoir, et maintenaient avec soin les priviléges qui vous ruinent, vous écrasent et vous tuent. N'accusez personne, la science a fait défaut. Elle est connue aujourd'hui. Plus d'excuses, ni pour vous, ni pour ceux qui demandent à vous conduire. Tant pis, si ne reconnaissant pas la vérité, et ne voulant réaliser la justice, vous continuerez à souffrir. Vous ne mériterez ni pitié, ni encouragement.

Une arme puissante, le suffrage universel, est dans vos mains. Dans un mois vous nommerez des députés. Les candidats, aussi nombreux que les étoiles au firmament, parleront de leur amour pour le peuple, promettront des réformes, invoqueront les libertés : acceptez leurs promesses, mais ne vous en contentez pas. Interrogez-les, demandez leur s'ils reconnaissent la légitimité de l'intérêt, du loyer, du fermage. Exigez une réponse nette et précise ; un *oui* ou un *non*. S'ils répondent : oui, nous considérons l'intérêt, le loyer et le fermage comme légitime, comme nécessaire et indispensable, repoussez-les impitoyablement, fussent-ils les meilleurs démocrates, les plus purs républicains. Avec eux, votre détresse n'aurait aucun appui ; votre misère aucun espoir ; votre servitude aucune issue.

PAGET-LUPICIN.

PARIS. — TYPOGRAPHIE WALDER, RUE BONAPARTE, 44.